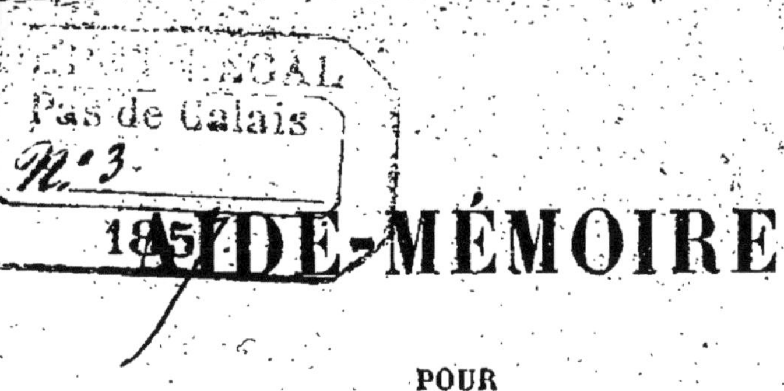

AIDE-MÉMOIRE

POUR

L'ÉCOLE DE PELOTON

DES CHASSEURS A PIED

D'APRÈS L'ORDONNANCE DU 22 JUILLET 1845.

PARIS,
LIBRAIRIE MILITAIRE DE J. DUMAINE,
Rue et Passage Dauphine, 30.
1857

NOTA. Les numéros placés dans le texte à côté du titre de chaque article se rapportent aux numéros correspondants de l'ordonnance.

Saint-Omer. — Imp. de FLEURY-LEMAIRE.

TABLE DES MATIÈRES.

1re LEÇON.

2me LEÇON.

3me LEÇON.

4me LEÇON.

5me LEÇON.

6me LEÇON.

SUPPLÉMENT.

PREMIÈRE LEÇON.

Art. 1.—Ouvrir les rangs (8).

EXPLICATIONS.	COMMANDEMENTS. instructeur.	COMMANDEMENTS. chefs de pelot. et de section.
Le peloton étant reposé sur les armes et aligné, l'instructeur fait placer le serre-file le plus près de la gauche, à la gauche du 1er rang et commande........................	1. *Garde à vous.* 2. *Peloton.* 3. *Portez* = VOS ARMES. 4. *En arrière ouvrez vos rangs.*	
Le sous-officier de remplacement et le serre-file d'encadrement se portent à 4 pas en arrière du 1er rang, sans compter les pas. L'instructeur, se portant sur le flanc droit, rectifie, au besoin, leur position et commande..............	5. Marche.	
Le 2e rang se porte en arrière sur l'alignement des 2 sous-officiers, le remplacement l'y assure ; les serre-file se placent à 2 pas en arrière du 2e rang..................	6. Fixe.	
Le sous-officier d'encadrement rentre en serre-file.		

EXPLICATIONS.	COMMANDEMENTS. instructeur.	chefs de pelot. et de section.

Art. 2.—Alignements à rangs ouverts (18).

L'instructeur fait marcher 3 files de la droite ou de la gauche, deux ou trois pas en avant, les aligne et commande................ 1. *Par file à droite (ou à gauche)* = ALIGNEMENT.

Les soldats de chaque rang se portent successivement sur l'alignement, en se laissant précéder de 2 pas par leur voisin du côté de l'alignement.

L'instructeur fait ensuite aligner les rangs entiers à la fois, en avant et en arrière, dans des directions parallèles et obliques, en donnant toujours 3 hommes pour base d'alignement à chaque rang ; à cet effet il commande..................... *A droite (ou à gauche)* = ALIGNEMENT.

Ou bien................. *En arrière à droite (ou à gauche)* = ALIGNEMENT.

Le chef de peloton aligne le 1er rang et le remplacement le 2e ; ils se placent, à cet effet, du côté de l'alignement. Après chaque alignement, ils examinent, en passant devant le rang, la position et le port d'armes.

Art. 3. —Maniement des armes (26).

L'instructeur se place de manière à voir les 2 rangs,

EXPLICATIONS.	COMMANDEMENTS. instructeur.	chefs de pelot et de section.

et commande le maniement des armes dans l'ordre qui suit :

Présenter les armes............PORTER LES ARMES.
Reposer sur les armes.
Poser les armes à terre.
Relever les armes...............PORTER LES ARMES.
L'arme au bras................. ID.
Baïonnette au canon............ ID.
Croiser la baïonnette........... ID.
Descendre les armes............ ID.
Remettre la baïonnette.......... ID.
Passer l'arme sous le bras gauche. ID.
Charge en douze temps.

Le chef de peloton surveille le 1er rang et le remplacement le 2e.

ART. 4 — Serrer les rangs (28).

L'instructeur commande.. | 1. *Serrez vos rangs.* 2. MARCHE.

Le 2e rang serre au pas accéléré, chaque homme se dirigeant sur son chef de file.

ART. 5. — Alignements et maniement des armes à rangs serrés (30).

Les différents alignements à rangs serrés s'exécutent comme à rangs ouverts. Dès que le chef de peloton voit le plus grand nombre des hommes du 1er rang alignés,

EXPLICATIONS.	COMMANDEMENTS. instructeur.	COMMANDEMENTS. chefs de pelot et de section
il commande....................		FIXE.

et rectifie ensuite comme il est prescrit à l'école du soldat.

Le remplacement conforme l'alignement du 2e rang à celui du 1er rang.

Après avoir vérifié l'alignement des 2 rangs, l'instructeur fait exécuter le maniement des armes.

EXPLICATIONS.	instructeur.	chefs de pelot et de section
Pour faire reposer les soldats sans déranger l'alignement, l'instructeur fait porter l'arme au bras ou reposer sur les armes et commande..	*En place* = REPOS.	
S'il ne veut pas astreindre à l'alignement, il commande..	REPOS.	
Ou bien..............................	*Formez les faisceaux.*	

DEUXIÈME LEÇON.

ART. 1. — Charge en quatre temps et à volonté (44).

Les charges en quatre temps et à volonté sont commandées et exécutées comme à l'*École du soldat*, nos 199 et 204. Au premier temps de ces 2 charges, le chef de peloton et le remplacement font un demi-à-droite comme les soldats et se remettent face en tête, lorsque le soldat qui est à côté d'eux passe l'arme en avant.

ART. 2. — Feu de peloton (49).

EXPLICATIONS.	instructeur.	chefs de pelot et de section
L'instructeur commande...	1. *Feu de peloton.*	
Le chef de peloton se porte derrière le centre de son pe-		

EXPLICATIONS.	COMMANDEMENTS. instructeur.	chefs de polot et de section.
loton, à 4 pas des serre-file, le remplacement recule sur l'alignement des serre-file...	2. *Commencez le feu.*	
Le chef de peloton commande	....	1. *Peloton.* 2. ARMES. 3. JOUE. 4. FEU. 5. CHARGEZ
Les hommes prennent la position d'*apprêtez vos armes*, et le chef de peloton reprend	....	1. *Peloton.* 2. JOUE. 3. FEU. 4. CHARGEZ
Pour faire cesser le feu, l'instructeur commande.....	1. *Cessez le feu.*	
Et pour faire rentrer le chef de peloton et le remplacement à leurs places de bataille....	2. FIXE.	

Le chef de peloton fait quelquefois tirer obliquement en commandant *oblique à droite* ou *oblique à gauche*, avant JOUE.

Art. 3.—Feu de 2 rangs (55).

L'instructeur commande..	1. *Feu de 2 rangs.*	
Le chef de peloton et le remplacement se portent aux places indiquées au feu de peloton..................	2. *Peloton.* 3. ARMES. 4. *Commencez le feu.*	

EXPLICATIONS.	COMMANDEMENTS. instructeur.	chefs de pelot et de section.

Le feu commence par la file de droite ; la file suivante ne met en joue qu'au moment où celle-ci retire ses armes pour recharger, et ainsi de suite jusqu'à la gauche ; après le 1er feu, chaque homme charge et tire sans se régler sur les autres. L'instructeur fait cesser le feu comme le feu de peloton.

Art. 4. — Feu par rang (58).

L'instructeur commande..	1. *Feu par rang.*
Le chef de peloton et le remplacement se portent aux places indiquées au feu de peloton..................	2. *Peloton.* 3. Armes. 4. *Second rang.* 5. Joue. 6. Feu. 7. Chargez.
L'instructeur voyant quelques armes apprêtées dans le 2e rang................	1. *Premier rang.* 2. Joue. 3. Feu. 4. Chargez.

Le feu continue ainsi alternativement par le 2e et le 1er rang, jusqu'au commandement de *Cessez le feu.*

L'instructeur fait quelquefois tirer obliquement, à droite et à gauche.

EXPLICATIONS.	COMMANDEMENTS. instructeur.	chefs de pelot, et de section.

Art. 5. — Feux par le 2e rang (68).

L'instructeur commande..	1. *Face par le 2e rang.*	
Le chef de peloton, sortant de son créneau, se place face à la file de droite ; le remplacement et les serre-file traversent par le créneau et se placent face en arrière, le 1er à un pas derrière le chef de peloton, les serre-file à 2 pas du 1er rang, vis-à-vis leurs places de bataille. Lorsque le dernier serre-file va traverser.......	2. *Peloton.* 3. *Demi-tour* = A DROITE.	

Le chef de peloton se porte dans son créneau au 2me rang devenu 1er, et le remplacement derrière lui au 1er.

Les feux s'exécutent comme par le 1er rang et aux mêmes commandements.

Le feu de deux rangs commence par la gauche devenue droite, et le feu par rang commence par le 1er rang devenu 2e, les rangs conservant leur dénomination.

Pour remettre le peloton face par le 1er rang.........	1. *Face par le 1er rang.* 2. *Peloton.* 3. *Demi-tour* = A DROITE.	

Le chef de peloton, le remplacement et les serre-file

EXPLICATIONS.	COMMANDEMENTS. instructeur.	chefs de pelot. et de section.

se conforment à ce qui est prescrit pour faire face par le 2e rang.

TROISIÈME LEÇON.

Art. 1.—Marche en bataille en avant (83).

L'instructeur, après s'être assuré que le chef de peloton et le remplacement sont bien placés dans leurs rangs et dans leur file, se reporte à 25 ou 30 pas en avant d'eux, se place, face en arrière, sur leur direction et commande................ 1. *Peloton en avant.*

Un serre-file désigné d'avance se porte à 6 pas en avant du chef de peloton; l'instructeur l'aligne sur la file de direction. Ce serre-file prend aussitôt 2 points à terre dans la ligne droite qui, partant de lui, irait passer entre les talons de l'instructeur qui commande.................. 2. Marche.

Le sous-officier de direction observe la longueur et la cadence du pas et marche dans la direction des 2 points, en en prenant de nouveaux sur leur prolongement à mesure qu'il avance. Le chef de peloton se maintient à 6 pas et dans les traces de ce sous-officier.

Les soldats se conforment aux principes de la marche de front et prennent le tact des coudes du côté de la file de direction. Celui qui est placé à côté du chef de pelo-

EXPLICATIONS.	COMMANDEMENTS. instructeur.	chefs de pelot. et de section.

ton tient toujours la ligne de ses épaules un peu en arrière, mais dans la même direction que celle du chef de peloton.

L'instructeur fait placer la file de direction tantôt à la droite, tantôt à la gauche du peloton, et, dans les premiers exercices, fait marcher à rangs ouverts.

Art. 2. — Arrêter le peloton et l'aligner (98).

L'instructeur commande...	1. *Peloton.* 2. Halte.	

Le sous-officier de direction reste devant le peloton, à moins que l'instructeur ne lui commande de reprendre sa place de bataille.

L'instructeur fait avancer les 3 premières files du côté de la direction ; il aligne le peloton sur cette base, ou il se borne à commander...

	Chef de peloton. *Rectifiez l'alignement.*	

Art. 3. — Marche oblique en bataille (101).

Le peloton étant en marche directe, l'instr.[r] commande...	1. *Oblique à droite (ou à gauche).* 2. Marche.	

Le peloton prend le pas oblique ; les hommes du 2e rang se maintiennent à leurs distances et dans la direc-

EXPLICATIONS.	COMMANDEMENTS. instructeur.	chefs de pelot. et de section.
tion de l'homme placé à côté de leur chef de file. Pendant que l'on oblique, la direction se prend toujours du côté vers lequel on oblique ; mais l'instructeur fait d'abord obliquer du côté du sous-officier de direction, alors le chef de peloton se maintient à sa hauteur, en suivant une direction parallèle.		
Pour faire reprendre la marche directe, l'instructeur commande	1. *En avant.* 2. **Marche.**	
L'instructeur se porte à 20 pas du chef de peloton, fait face en arrière, se place sur le prolongement de la file de direction et y assure, par signes, le sous-officier de direction ; celui-ci prend aussitôt des points à terre, comme il est dit à l'art. 1.		

Art. 4. — Marquer le pas, marcher le pas gymnastique et le pas en arrière (109).

Pour faire marquer le pas, l'instructeur commande	1. *Marquez le pas.* 2. **Marche.**	
Pour remettre le peloton en marche	1. *En avant.* 2. **Marche.**	
Pour faire marcher au pas gymnastique	1. *Pas gymnastique.* 2. **Marche.**	
Pour faire reprendre le pas accéléré	1. *Pas accéléré.* 2. **Marche.**	

EXPLICATIONS.	COMMANDEMENTS. instructeur.	COMMANDEMENTS. chefs de pelot et de section.
Pour faire marcher en arrière le peloton étant de pied ferme....................	1. *Peloton en arrière.* 2. MARCHE.	

L'instructeur ne fait marcher le pas en arrière que 15 ou 20 pas de suite et seulement de temps à autre.

ART. 5. —Marcher en bataille en retraite (119).

a. LE PELOTON ÉTANT DE PIED FERME.

EXPLICATIONS.	instructeur.
L'instructeur commande...	1. *Peloton.* 2. *Demi-tour* = A DROITE.
se porte ensuite en avant de la file de direction, comme à l'article 1er, puis ajoute........	3. *Peloton en avant.*
Le sous-officier de direction se conforme aussi à l'art. 1er, mais il se place à 6 pas en avant des serre-file ; le remplacement se porte sur l'alignement des serre-file et le chef de peloton le remplace au 2e rang devenu 1er........	4. MARCHE.

La marche s'exécute comme par le 1er rang.

Le peloton étant arrêté, pour le remettre face en tête, l'instructeur fait les commandemens prescrits ci-dessus; le chef de peloton, le remplacement et le sous-officier de direction reprennent leurs places de bataille.

EXPLICATIONS.	COMMANDEMENTS. instructeur.	COMMANDEMENTS. chefs de pelot. et de section.
b. Le peloton étant en marche. L'instructeur commande...	1. *Peloton.* 2. *Demi-tour à droite.* 3. Marche.	

Le peloton fait face en arrière et se met en marche par le 2e rang. Le sous-officier de direction se porte rapidement à 6 pas en avant des serre-file sur le prolongement de la file de direction ; l'instructeur l'y assure par les moyens prescrits.

Lorsque l'instructeur veut faire marcher en avant, il fait les mêmes commandements et assure la direction par les mêmes moyens.

OBSERVATIONS.

Lorsqu'on porte l'arme sur l'épaule droite, la distance entre les rangs est, au pas accéléré, de 41 centimètres, et, au pas gymnastique, de 65 centimètres.

Lorsqu'une troupe, marchant autrement qu'au port d'armes, s'arrête, elle porte les armes au commandement de Halte, et le dernier rang serre à sa distance.

Pl. 1.

Chef de Peloton.
Lieutenant.
Sous-Lieut.t
Serg.t major.
Remplacement.
Guide de gauche.
3.e Sergent.
4.e Sergent.
5.e Sergent.
Fourrier.
Instructeur.
Fig. 2.
Fig. 1.

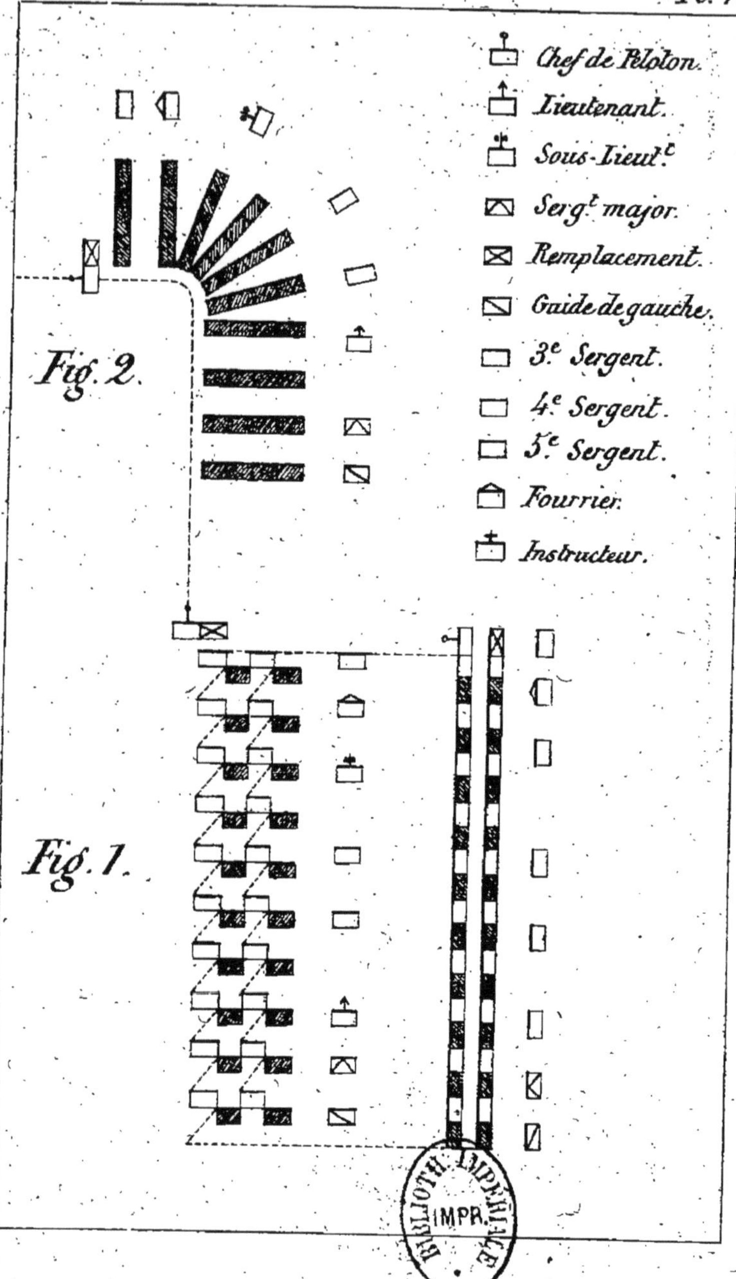

EXPLICATIONS.	COMMANDEMENTS. instructeur.	COMMANDEMENTS. chefs de pelot. et de section.

QUATRIÈME LEÇON.

ART. 1. — Marcher par le flanc (135).

Le peloton étant en bataille de pied ferme, l'instructeur commande................	1. *Pelot. par le flanc droit.*	
Le peloton fait à droite ; le remplacement se porte devant l'homme de droite du 1er rang, et le chef de peloton se place à un pas en dehors, à la gauche du remplacement. Le 1er rang double comme à l'*École du soldat ;* le 2e rang déboîte un pas à droite et double de la même manière. Les serre-file appuient à droite, de manière à se trouver à 2 pas en dehors	2. A DROITE. 3. *Peloton en avant.* 4. MARCHE.	

Le remplacement se dirige droit en avant ; les hommes dans chaque file, marchent à hauteur de leurs chefs de file.

Si l'instructeur fait marcher par le flanc gauche, le 2e rang déboîte un pas à gauche et double comme le 1er ; le serre-file le plus près de la gauche se place devant l'homme de gauche du 1er rang ; le chef de peloton se porte à la droite de ce sous-officier et le remplacement au 1er rang.

EXPLICATIONS.	COMMANDEMENTS. instructeur.	COMMANDEMENTS. chefs de pelot et de section.

Art. 2. — Changer de direction par file (142).

Le peloton étant par le flanc et de pied ferme ou en marche, l'instructeur commande.....	1. *Par file à gauche (ou à droite)* 2. Marche.	

La 1re file converse ; si c'est du côté du 1er rang, l'homme de ce rang décrit un petit arc de cercle, en raccourcissant les 5 ou 6 premiers pas ; si c'est du côté opposé, l'homme du 1er rang converse en marchant le pas de 65 centimètres et le 4e homme décrit un petit arc de cercle comme il vient d'être expliqué. Chaque file vient converser à la même place que celle qui précède.

Art. 3. — Arrêter le peloton et le remettre face en tête (145).

Le peloton étant en marche, l'instructeur commande.....	1. *Peloton.* 2. Halte. 3. Front.	

Le 2e rang serre à sa distance. Le chef de peloton, le remplacement et le serre-file de gauche reprennent leurs places de bataille.

Pl. 2.

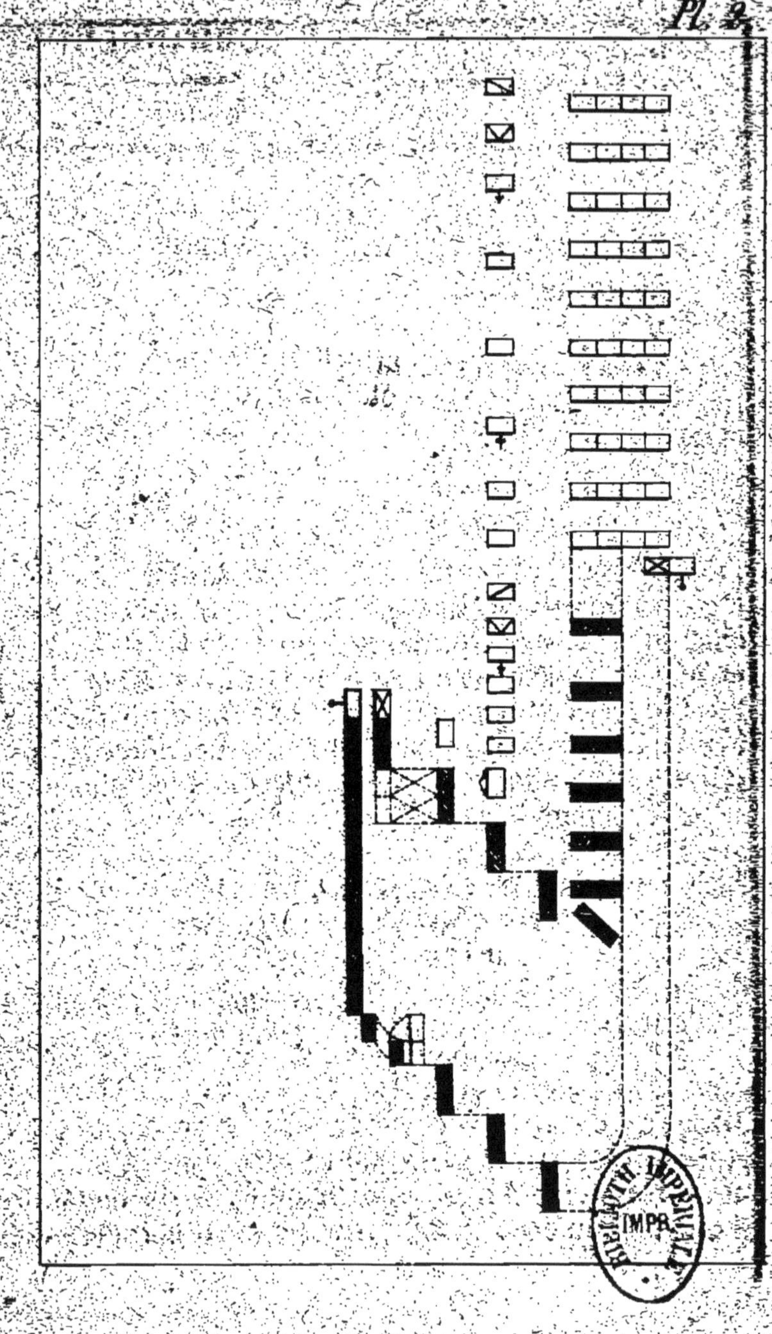

EXPLICATIONS.	COMMANDEMENTS. instructeur.	chefs de pelot. et de section

Art. 4.—Le peloton étant en marche par le flanc, le former sur la droite ou sur la gauche par file en bataille (148).

Le peloton étant en marche par le flanc droit, l'instructeur commande................	1. *Sur la droite par file en bataille.* 2. Marche.	

Les hommes du 2e rang doublé marquent le pas ; le chef de peloton et le remplacement tournent à droite, marchent ensuite droit devant eux et sont arrêtés par l'instructeur à 6 pas, au moins, du rang des serre-file ; le chef de peloton se place sur la ligne de bataille, et le remplacement derrière lui à sa place de bataille.

Les 2 hommes de droite du 1er rang doublé continuent à marcher, tournent à droite dès qu'ils ont dépassé le remplacement et se dirigent, coude à coude, vers la ligne de bataille ; arrivés à 2 pas de cette ligne, le no pair se laisse précéder par le no impair qui se place à la gauche du chef de peloton, le no pair oblique ensuite à gauche et vient s'aligner à la gauche du no impair.

Les 2 hommes du 1er rang doublé de la 2e file passent de même derrière les 2 premiers et viennent se placer à leur gauche par les mêmes moyens, et ainsi de suite jusqu'à la dernière file de ce rang doublé.

Le 2e rang doublé exécute le même mouvement ; mais il ne le commence que lorsqu'il y a 4 hommes du 1er

EXPLICATIONS.	COMMANDEMENTS. instructeur.	chefs de pelot. et de section
rang déjà formés sur la ligne; les hommes se placent correctement derrière leur chef de file. Si le peloton marche par le flanc gauche, l'instructeur le fait former sur la gauche par file en bataille d'après les mêmes principes. Le chef de peloton placé à la gauche du 1er rang et le guide de gauche se reportent à leurs places de bataille lorsque l'instructeur leur en donne l'ordre.		

Art. 5. — Le peloton étant en marche par le flanc, le former par peloton ou par section en ligne, et lui faire exécuter les à-droite et les à-gauche en marchant (153).

Le peloton étant en marche par le flanc droit, l'instructeur ordonne au chef de peloton de le faire former en ligne ; celui-ci se tourne face au peloton et commande		1. *Par peloton en ligne.*
Le remplacement continue à marcher droit devant lui ; les soldats avancent l'épaule droite, prennent le pas gymnastique et se portent en ligne par le chemin le plus court. Les files dédoublent et les hommes du 2e rang se conforment au mouvement de leur chef de file ; les hommes, en arrivant en ligne, prennent le pas du remplacement.		2. Marche.

Pl. 3.

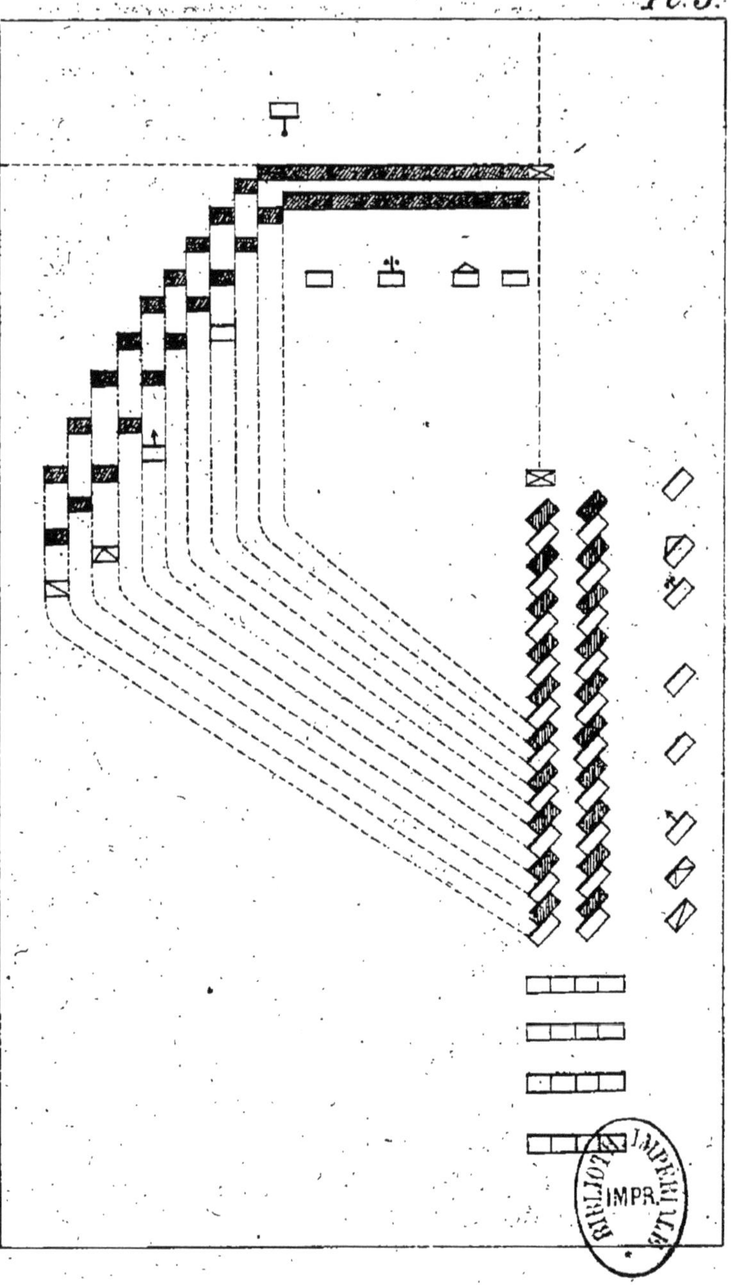

EXPLICATIONS.	COMMANDEMENTS. instructeur.	COMMANDEMENTS. chefs de pélot. et de section.
Dès que le peloton est formé, le chef de peloton commande.................. et se place à deux pas devant le centre de son peloton. Le serre-file le plus près de la gauche se porte sur le flanc gauche au 1er rang.	....	3. *Guide à gauche.*
Lorsque le peloton marche par le flanc gauche, ce mouvement s'exécute par les mêmes commandements et d'après les mêmes principes.		
Le peloton formé, le chef de peloton commande..... Le remplacement sert de guide et le serre-file placé au flanc gauche y reste.	....	3. *Guide à droite.*
Si l'instructeur veut faire former les sections en ligne, il en donne l'ordre au chef de peloton qui commande..... Chaque section exécute ce qui vient d'être dit pour le peloton. Le chef de peloton se porte devant le centre de la 1re section ; le chef de la 2e section se porte devant le centre de cette section en passant par l'ouverture qui se fait au centre du peloton, si l'on marche par le flanc droit, et par	....	1. *Par section en ligne,* 2. MARCHE.

<table>
<tr><th rowspan="2">EXPLICATIONS.</th><th colspan="2">COMMANDEMENTS.</th></tr>
<tr><th>instructeur.</th><th>chefs de pelot. et de section</th></tr>
<tr><td>la gauche de la section si l'on marche par le flanc gauche ; dans ce cas le chef de peloton laisse filer la 2e section pour se placer ensuite devant le centre de la 1re.
Les sections formées, les chefs de section commandent.</td><td>. . . . .</td><td>3. Guide à gauche (ou guide à droite).</td></tr>
</table>

Le guide de chacune d'elles se porte au flanc gauche ou au flanc droit, s'il n'y est déjà. Les serre-file suivent la section à laquelle ils appartiennent.

L'instructeur peut former le peloton ou les sections en ligne à son commandement.

Pour faire passer le peloton, sans s'arrêter, de la marche de front à la marche de flanc et réciproquement,

<table>
<tr><td>l'instructeur commande. . . . . .</td><td>1. Peloton par le flanc droit (ou gauche).
2. MARCHE.</td><td></td></tr>
</table>

Le chef de peloton, les guides et les serre-file se conforment à ce qui est prescrit pour la marche de flanc ou pour la marche de front d'un peloton supposé faire partie d'une colonne.

Si, après un à-droite ou un à-gauche, le peloton se trouve par le 2e rang, le chef de peloton se place à 2 pas derrière le centre du 1er rang, les guides passent au 2e rang et les serre-file marchent devant ce rang.

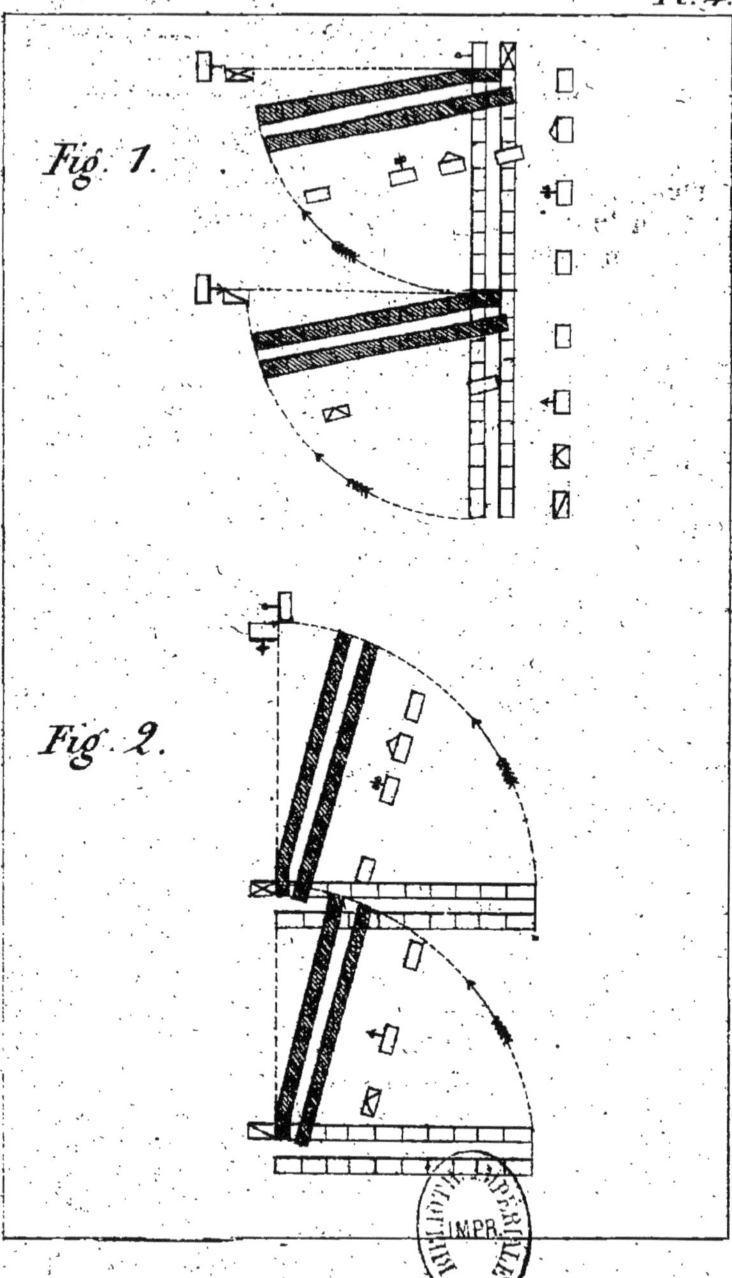
Pl. 4.
Fig. 1.
Fig. 2.

EXPLICATIONS.	COMMANDEMENTS. instructeur.	chefs de pelot. et de section.

L'instructeur, pour éviter de fatiguer les soldats, leur fait mettre quelquefois l'arme au bras, lorsqu'ils marchent par le flanc, et porter l'arme sur l'épaule droite quand ils marchent de front.

CINQUIÈME LEÇON.

Art. 1. — Rompre en colonne par section.

a. De pied ferme (171). Pl. 4, fig. 1.

Le peloton étant en bataille, l'instructeur commande.....	1. *Par section à droite.*	
Les chefs de section se portent à 2 pas devant le centre de leurs sections, celui de la 2e section passant par la gauche du peloton ; le remplacement avance au 1er rang....	2. Marche.	
L'homme de droite dans chaque section fait à droite, le remplacement ne bouge pas. Chaque chef de section se porte vivement en dehors du point où doit arriver l'aile marchante, et se place perpendiculairement à la ligne de bataille. Les sections font une con-		

EXPLICATIONS.	COMMANDEMENTS. instructeur.	COMMANDEMENTS. chefs de pelot. et de section
version de pied ferme, et, lorsque l'aile marchante est près d'arriver à 3 pas de la perpendiculaire, le chef de chaque section commande.........	....	1. *Section.* 2. HALTE.
Le guide de chaque section se porte près de son chef de section (celui de la 1re passant devant le 1er rang) et se place de manière à encadrer la section entre lui et l'homme de droite de la section. Après avoir aligné le guide sur l'homme de droite, le chef de la section se retire à 2 pas du flanc, commande..........	....	3 *A gauche* = ALIGNEMENT.
et se porte à 2 pas devant le centre de sa section.		4. FIXE.

On rompt par section à gauche d'après les mêmes principes et par les commandements inverses.

b. POUR CONTINUER A MARCHER (183).

Pour porter la colonne en avant après la conversion,

l'instructeur commande......	1. *Par section à droite.*	
Les chefs de section se portent à 2 pas devant le centre de leurs sections et y restent pendant la conversion; le rem-		

EXPLICATIONS.	COMMANDEMENTS. instructeur.	chefs de pelot et de section.
placement avance au 1er rang.	2. MARCHE.	
Les sections exécutent une conversion de pied ferme ; l'homme qui est au pivot marque le pas en se conformant au mouvement de l'aile marchante. Lorsque l'homme qui conduit cette aile est près d'arriver sur la perpendiculaire, l'instructeur commande.....	3. *En avant.*	
Les sections reprennent le	4. MARCHE.	
pas de 65 centim.; le remplacement et le guide de gauche se portent à la gauche de leurs sections..................	5. *Guide à gauche.*	

Les soldats prennent le tact des coudes à gauche.

c. ROMPRE EN MARCHANT EN BATAILLE (189).

L'instructeur fait rompre par les mêmes commandements et les mêmes moyens que ci- dessus. Au commandement de MARCHE, l'homme qui est au pivot dans les sections marque le pas sur place, sans avancer ni reculer.

ART. 2.—Marcher en colonne (195).

La colonne ayant la droite en tête, l'instructeur se porte à 25 pas en avant de la tête, face aux guides et sur leur direction. Le guide de la 1re section prend 2 points à terre sur la ligne droite déterminée par lui et

EXPLICATIONS.	COMMANDEMENTS. instructeur.	COMMANDEMENTS. chefs de pelot. et de section.
l'instructeur ; celui-ci commande alors..............	1. *Colonne en avant.* 2. *Guide à gauche.*	
Les chefs de section répètent	3. MARCHE.	MARCHE.

Les soldats dans chaque section sentent le coude de leur voisin du côté du guide et se conforment à la marche de front. L'homme placé à côté de chaque guide se tient toujours à environ 16 centimètres de lui, pour éviter de le pousser hors de la direction.

Le guide de la tête observe la longueur et la cadence du pas et assure la direction ; le guide de la 2e section maintient sa distance, la direction et le pas du 1er guide.

EXPLICATIONS.	instructeur.	chefs de pelot. et de section.
Si la colonne a la gauche en tête, l'instructeur commande..	1. *Colonne en avant.* 2. *Guide à droite.* 3. MARCHE.	

ART. 3. — Changer de direction (212).

a. DU CÔTÉ OPPOSÉ AU GUIDE.

Les changements de direction d'une colonne en marche s'exécutent toujours par des conversions ; aussi l'instructeur fait prendre à la colonne le guide du côté opposé au changement de direction, s'il n'y est déjà.

La colonne étant en marche, la droite en tête, si l'instructeur veut lui faire changer de direction à droite,

EXPLICATIONS.	COMMANDEMENTS. instructeur.	chefs de pelot. et de section.

il en donne l'ordre au chef de la 1re section et se porte aussitôt de sa personne ou envoie un jalonneur au point où le mouvement doit commencer ; l'instructeur ou le jalonneur s'y place de manière que chaque guide rase sa poitrine avec le bras gauche.

EXPLICATIONS.	instructeur.	chefs de pelot. et de section.
Chaque section étant arrivée à 4 pas du jalonneur, son chef commande............	....	1. *A droite conversion*
et à l'instant où le guide arrive au point de conversion...	....	2. MARCHE.
La conversion achevée, le chef de section commande...	....	3. *En avant* 4. MARCHE.
Le guide de la 1re section prend des points à terre dans la nouvelle direction, aussitôt après la conversion.		
Si l'instructeur veut faire changer de direction à gauche, il commande............	*Guide à droite.*	
Les 2 guides se portent rapidement à la droite de leurs sections en passant devant le 1er rang. Le changement de direction étant exécuté comme ci-dessus et achevé, l'instructeur commande............	*Guide à gauche.*	

Dans une colonne, la gauche en tête, les changements de direction s'exécutent d'après les mêmes principes.

Dans les changements de direction au pas gymnas-

EXPLICATIONS.	COMMANDEMENTS. instructeur.	chefs de pelot et de section.

tique, l'homme qui est le plus rapproché du pivot fait le pas de 28 centimètres.

b. Du côté du guide.

L'instructeur doit faire exécuter quelquefois à la colonne des changements de direction du côté du guide. Dans ce cas, le chef de chaque section, près d'arriver au jalonneur, commande.................. 1. *Tournez à gauche (ou à droite).* 2. Marche.

Les subdivisions tournent en se conformant à ce qui est prescrit à l'*École du soldat* nº 378. Le guide de la tête, aussitôt après avoir tourné, prend des points à terre pour assurer sa direction.

Art. 4. — Arrêter la colonne (231).

L'instructeur commande...	1. *Colonne.*	
Les chefs de section répètent	2. Halte.	Halte.

La colonne s'arrête et aucun guide ne bouge plus.

Art. 5. — Étant en colonne par section, se former à gauche ou à droite en bataille.

a. De pied ferme (235). Pl. 4, fig. 2.

La colonne ayant la droite en tête, l'instructeur se porte à distance de section en avant du guide de la tête, rectifie, s'il y a lieu, la position du guide suivant et

EXPLICATIONS.	COMMANDEMENTS. instructeur.	COMMANDEMENTS. chefs de pelot. et de section.
commande................	*A gauche* = ALIGNEMENT.	
Chaque chef de section se porte à 2 pas en-dehors de son guide, dirige l'alignement de sa section perpendiculairement à la direction de la colonne, commande................	....	FIXE.
et revient devant le centre de sa section.		
L'instructeur commande ensuite..................	1. *A gauche en bataille.*	
Les chefs de section répètent et se tournent face à leurs sections pour surveiller le mouvement.	2. MARCHE.	MARCHE.
L'homme de gauche de chaque section fait à gauche et appuie sa poitrine contre le bras droit du guide qui ne bouge pas.		
Les sections font une conversion de pied ferme et lorsque l'aile marchante arrive à 3 pas de la ligne de bataille, chaque chef de section commande..................	....	1. *Section.*
Le chef de la 2e section se porte en serre-file, le chef de peloton se place sur la ligne		2. HALTE.

EXPLICATIONS.	COMMANDEMENTS. instructeur.	COMMANDEMENTS. chefs de pelot et de section.
de bataille au point où doit appuyer la droite du peloton et commande...............	....	1. *A droite* = ALIGNEMENT.
Les 2 sections se placent sur l'alignement ; l'homme qui correspond à l'instructeur appuie sa poitrine contre le bras gauche de ce dernier.......	....	2. FIXE.
La formation achevée, l'instructeur commande.........	*Guides* = A VOS PLACES.	
Le remplacement se porte derrière le chef de peloton et le guide de la 2e section en serre-file		

Si la colonne se forme à droite en bataille, le chef de peloton, ayant arrêté sa section, se porte sur la ligne de bataille au point où doit appuyer l'homme de gauche, aligne le poloton à gauche et reprend sa place de bataille au commandement de : *Guides*=A VOS PLACES.

b. EN MARCHE (258).

Le mouvement s'exécute par les mêmes commandements ; seulement à celui de MARCHE, les guides s'arrêtent court.

c. EN MARCHE POUR CONTINUER A MARCHER (261).

L'instructeur commande....	1. *Par section à gauche.*	
Les guides de gauche s'arrêtent court ; l'homme de	2. MARCHE.	MARCHE.

EXPLICATIONS.	COMMANDEMENTS. instructeur.	COMMANDEMENTS. chefs de pelot. et de section
gauche de chaque section marque le pas sur place ; les sections conversent à gauche, et, lorsque la droite des sections est arrivée sur la ligne de bataille, l'instructeur commande	3. *En avant.* 4. MARCHE.	
Tout le peloton prend le pas de 65 centim. ; le chef de peloton, le chef de section, le remplacement et le guide de gauche reprennent leurs places de bataille............	5. *Direction à droite* (*ou à gauche*).	

Le chef de peloton et le remplacement se portent du côté de la direction, s'ils n'y sont déjà. Le sous-officier chargé de la direction se porte rapidement en avant de la file de direction, est assuré sur son prolongement par l'instructeur et se conforme à ce qui est prescrit dans la marche en bataille.

EXPLICATIONS.	COMMANDEMENTS.	
	instructeur.	chefs de pelot et de section.

SIXIÈME LEÇON.

ART. 1er. — Rompre et former le peloton.

a. ROMPRE LE PELOTON (662). Pl. 5, fig. 1.

Le peloton étant en marche et supposé faire partie d'une colonne la droite en tête, l'instructeur donne au chef de peloton l'ordre de le faire rompre. Celui-ci se tourne

face au peloton, commande...	....	*Rompez le peloton.*
et se porte aussitôt devant le centre de la 1re section en la prévenant qu'elle continue à marcher.		
Le chef de la 2e section se porte par la gauche du peloton devant le centre de sa section et commande................	....	1. *Marquez le pas.*
Le chef de peloton commande ensuite.............	....	MARCHE.
La 1re section marche droit devant elle, le remplacement se porte au flanc gauche de la section. La 2e section marque le pas, et, lorsqu'elle est près d'être dépassée par le 2e rang de la 1re, son chef commande...	....	2. *Oblique à droite.*
		3. MARCHE.
Le guide de la 2e section étant près d'arriver dans la		

Pl. 5.

Fig. 1.

Fig. 2.

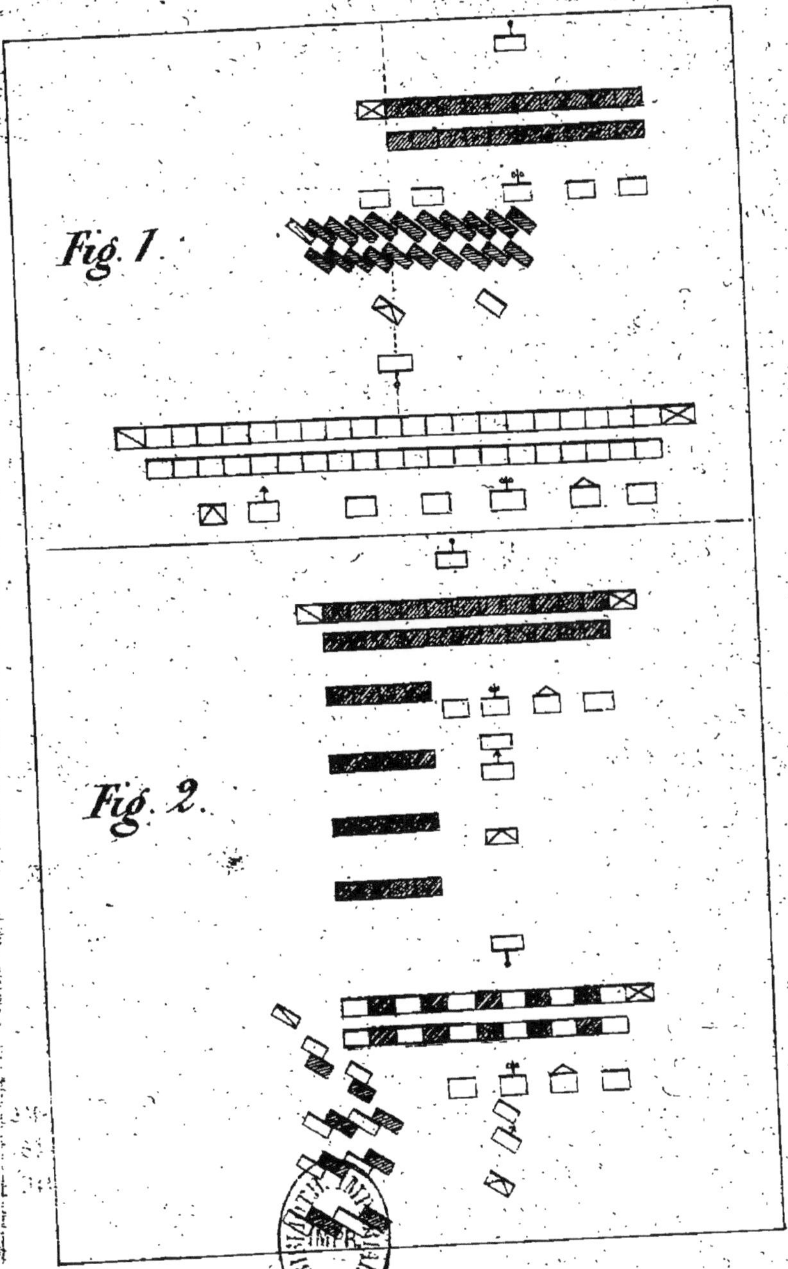

EXPLICATIONS.	COMMANDEMENTS. instructeur.	COMMANDEMENTS. chefs de pelot. et de section.
direction du premier, le chef de la 2e section commande....	....	4 *En avant* 5 MARCHE.

Dans une colonne, la gauche en tête, on rompt par les moyens inverses, en appliquant à la 1re section tout ce qui a été prescrit pour la 2e et réciproquement. Dans ce cas, le guide de gauche se porte au flanc droit de la 2e section et le remplacement reste au flanc droit de la 1re.

b. FORMER LE PELOTON (274).

EXPLICATIONS.	instructeur.	chefs de pelot. et de section.
L'instructeur en donne l'ordre au chef de peloton qui commande....	....	1. *Formez le peloton.* 2. *1re sectn.* 3. *Oblique à droite.*
Le chef de la 2e section la prévient qu'elle doit continuer à marcher............... et répète MARCHE.	....	4. MARCHE.
La 1re section oblique à droite, son guide se porte au flanc droit ; dès qu'elle est près de démasquer la 2e, son chef commande...............	....	5. *Marquez le pas.* 6. MARCHE.
Lorsque la 2e section est près d'arriver à hauteur de la 1re, le chef de peloton commande .... La 1re section cesse de marquer le pas.	....	7. *en avant* 8. MARCHE.

EXPLICATIONS.	COMMANDEMENTS. instructeur.	chefs de pelot. et de section.

Dans une colonne, la gauche en tête, on forme le peloton par les moyens inverses, en appliquant à la 2e section ce qui a été prescrit pour la 1re et réciproquement.

L'instructeur fait quelquefois rompre et former le peloton à son commandement.

Art. 2. — Étant en colonne, mettre des files en arrière et les faire rentrer en ligne (290). Pl. 5, fig. 2.

Le peloton étant en marche et supposé faire partie d'une colonne, l'instructeur donne au chef de peloton l'ordre de mettre des files en arrière. Celui-ci se tourne face à son pelot. et commande .... 1. *2 files de gauche (ou de droite) en arrière.* 2. Marche.

Les 2 premières files de gauche ou de droite du peloton marquent le pas; les hommes de ces files viennent se placer, à mesure que le 2e rang du peloton les a dépassés, derrière les 4 files voisines, les hommes de gauche comme si le peloton marchait par le flanc droit, et les hommes de droite comme s'il marchait par le flanc gauche. Ainsi les 2 hommes du 2e rang, étant dépassés les premiers, se portent, en avançant l'épaule extérieure, à droite si ce sont des files de gauche, et se placent: le no impair derrière la 3e file de ce côté, et le no pair derrière la 4e en passant derrière le no impair; les 2 hommes du 1er rang, étant dépassés à leur tour, se portent de même à droite et se placent le no impair derrière la 1re file, le no pair derrière la 2e, en passant derrière le no impair.

EXPLICATIONS.	COMMANDEMENTS. instructeur.	chefs de pelot et de section.

Si l'instructeur fait rompre encore 2 files du même côté, les files déjà rompues, avançant un peu l'épaule extérieure, gagnent l'espace de 2 files à droite (ou à gauche), et raccourcissent le pas pour faire place, entre elles et le peloton, aux files qui rompent, Celles-ci rompent de la même manière que les 1res.

Dans tous ces mouvements, le guide appuie toujours à droite (ou à gauche) contre le 1er homme qui marche de front.

Lorsque l'instructeur veut faire rentrer des files en ligne, il en donne l'ordre au chef de peloton qui commande	....	1. *2 files de gauche (ou de droite) en ligne.*
Les 2 premières files de celles qui marchent par le flanc rentrent vivement en ligne, et		2. Marche.

les files suivantes gagnent à gauche (ou à droite), en avançant l'épaule intérieure, l'espace de 2 files. Le guide appuie également à gauche (ou à droite) pour laisser se placer les files qui rentrent.

L'instructeur fait ainsi rentrer en ligne des groupes de 2 files, l'un après l'autre.

L'instructeur, voulant faire rompre 2 ou 3 groupes ensemble, en donne l'ordre au chef de peloton qui commande	....	1. *4 ou 6 files de gauche (ou de droite) en arrière.*
Les files désignées marquent le pas; chaque rang, à mesure que le 2e rang du peloton l'a dépassé, oblique à la fois et		2. Marche.

EXPLICATIONS.	COMMANDEMENTS. instructeur.	chefs de pelot. et de section.

chaque groupe se place derrière les 4 files voisines, comme si le mouvement s'était exécuté groupe par groupe.

L'instructeur ordonne ensuite au chef de peloton de faire rentrer en ligne 2 ou 3 groupes à la fois ; les files désignées se portent vivement en ligne par le chemin le plus court.

Art. 3. — Marcher en colonne de route, et exécuter les divers mouvements qui en dépendent (306).

La vitesse du pas de route est de 110 par minute.

Le peloton étant de pied ferme et supposé faire

EXPLICATIONS.	instructeur.	chefs de pelot. et de section.
partie d'une colonne, l'instructeur commande........	1. *Colonne en avant.* 2. *Guide à gauche (ou à droite).* 3. *Pas de route.*	
Le chef de peloton répète..	4. MARCHE.	MARCHE.

Les 2 rangs partent ensemble ; le 2e rang prend, en marchant, environ 70 centim. de distance entre lui et le rang qui le précède. Les soldats mettent d'eux-mêmes l'arme à volonté ; ils ne sont plus astreints au pas et au silence.

Les changements de direction s'exécutent sans commandement et à l'avertissement seul du chef de peloton ; le 2e rang vient changer de direction à la même place que le premier ; le pivot dans chaque rang fait le pas de 33 centim., pour dégager le point de conversion.

EXPLICATIONS.	COMMANDEMENTS. instructeur.	COMMANDEMENTS. chefs de pelot. et de section.
Lorsque l'instructeur veut faire prendre au peloton le pas cadencé, il commande..	1. *L'arme sur l'épaule* = DROITE. 2. *Pas accéléré.*	
Les soldats prennent le pas cadencé et serrent à 41 centim. de distance.	3. MARCHE.	
Pour faire marcher au pas de route, l'instructeur commande	1. *Pas de route.*	
Les soldats se conforment à ce qui est prescrit au 1er alinéa.	2. MARCHE.	
Si l'instructeur suppose la nécessité de faire marcher le peloton par le flanc dans la même direction, il commande	1. *Pelot. par le flanc droit (ou gauche).* 2. *Par file à gauche (ou à droite).*	
Le peloton fait à droite ou à gauche.	3. MARCHE.	

Le chef de peloton se porte à côté de celui des 2 guides qui doit se trouver en tête du peloton, toutes les files viennent converser à la même place que le guide, et, s'il se trouve des files en arrière, elles conversent de manière à suivre le mouvement du peloton.

EXPLICATIONS.	COMMANDEMENTS. instructeur.	COMMANDEMENTS. chefs de pelot et de section

L'instructeur, ayant fait reformer le peloton en ligne, l'exerce à se rompre et à se former. Ces mouvements s'exécutent comme au pas cadencé ; seulement dès que le peloton est rompu, les chefs de section se portent au flanc de leurs sections, à la place du guide qui recule au 2e rang.

L'instructeur peut faire rompre et former les sections, si elles sont de 12 files et au-dessus ; ces mouvements s'exécutent comme pour rompre et former le peloton. Les demi-sections de droite sont commandées par les chefs de section ; celles de gauche par le sous-lieutenant et le sergent-major, et, à leur défaut, par les guides du pelot.

EXPLICATIONS.	instructeur.	chefs de pelot et de section
L'instructeur voulant faire rompre les sections, en donne l'ordre au chef de pelot, qui commande.	. . . .	1. *Rompez les sections.*
Les sections étant rompues, les chefs de demi-section se portent au flanc du côté de la direction ; les guides qui s'y trouvent reculent au 2e rang, et les serre-file serrent à un pas de ce rang.		2. **Marche.**
Pour faire reformer les sections, l'instructeur en donne l'ordre au chef de peloton qui commande	. . . .	1. *Formez les sections.*
Les chefs des demi-sections se portent devant le centre de leurs subdivisions et les guides au 1er rang.	. . . .	2. **Marche.**

EXPLICATIONS.	COMMANDEMENTS.	
	instructeur.	chefs de pelot. et de section.

Les sections formées, les chefs des demi-sections de gauche se portent en serre-file.

Lorsqu'on est rompu par demi-sections, on ne peut réduire les subdivisions qu'à 6 de front, non compris le chef de demi-section.

Le peloton étant rompu par section ou par demi-section, on peut aussi le faire marcher par le flanc dans la même direction. Au moment où les subdivisions font à-droite ou à-gauche, la première file de chacune d'elles converse à gauche ou à droite pour se placer à la suite de la subdivision qui la précède ; le sous-lieutenant et le sergent-major se portent à leurs places de bataille avant que les subdivisions soient réunies.

L'instructeur suppose quelquefois la nécessité de dédoubler les files du peloton marchant par le flanc ; il en avertit le chef de peloton qui fait mettre l'arme au bras ou porter les armes et commande . . . .

1. *Pas accéléré.*
2. MARCHE.

Les nos impairs continuent à marcher devant eux ; les nos pairs raccourcissent le pas, obliquent à gauche et se placent derrière les nos impairs ; le 2e rang appuie l'espace d'un pas à gauche.

3. *Dédoublez les files.*
4. MARCHE.

Si le peloton marche par le flanc gauche, ce sont les

EXPLICATIONS.	COMMANDEMENTS. instructeur.	COMMANDEMENTS. chefs de pelot. et de section

nos pairs qui continuent à marcher et les nos impairs qui dédoublent.

Pour faire doubler les files, l'instructeur en donne l'ordre au chef de peloton qui commande	. . . .	1. *Doublez les files.* 2. Marche.
Les files doublent comme par le flanc et l'instructeur fait reprendre le pas de route.		

Lorsque le peloton, marchant au pas de route, s'arrête, le dernier rang serre et les soldats portent les armes.

Art. 4. — Contre-marche (334). Pl. 6, fig. 1.

Le peloton étant de pied ferme et supposé faire partie d'une colonne, la droite en tête, l'instructeur commande	1. *Contre-marche.* 2. *Peloton par le flanc droit.*	
Le peloton fait à-droite ; les 2 guides font demi-tour ; le chef de peloton se porte à la droite, fait déboîter en arrière les 2 premières files et se place à côté de l'homme de droite.	3. A droite.	

Pl. 6.

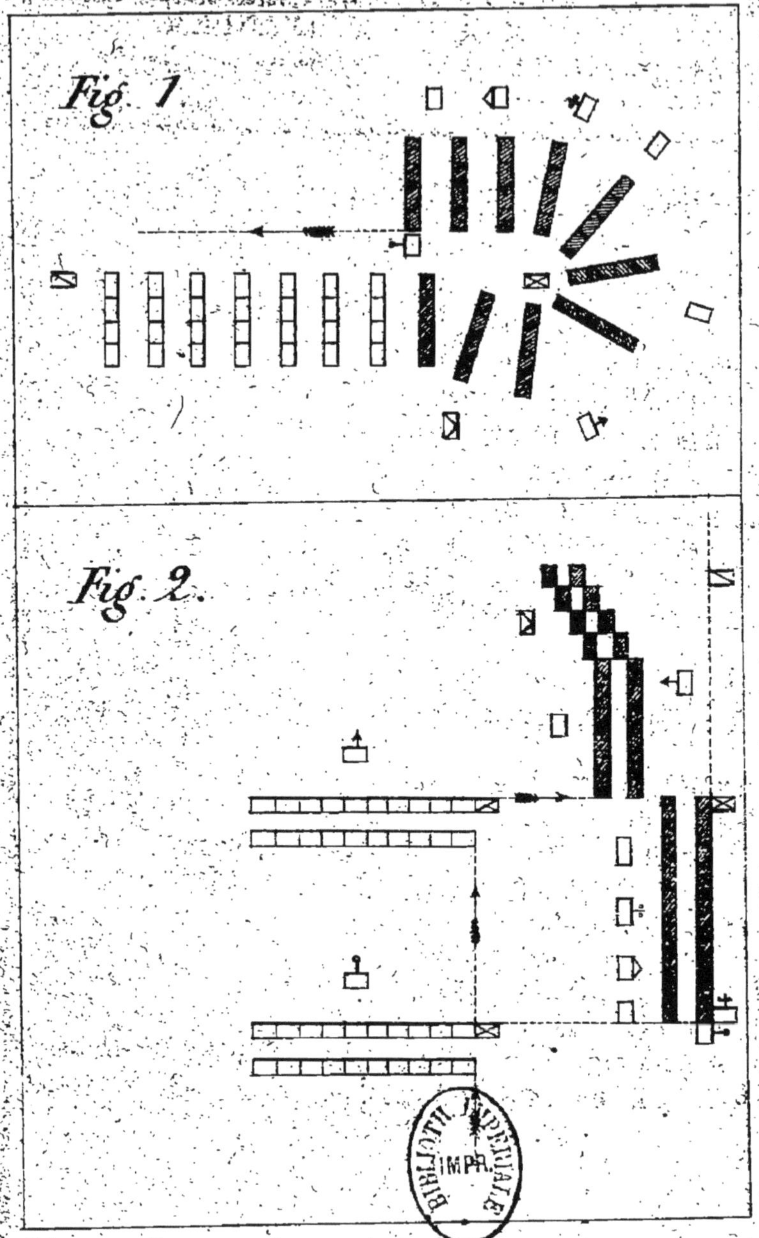

EXPLICATIONS.	COMMANDEMENTS. instructeur.	COMMANDEMENTS. chefs de pelot et de section
du 1er rang pour le conduire. .	4. *Par file à gauche.* 5. MARCHE.	
La 1re file, conduite par le chef de peloton, converse autour du guide de droite et se dirige de manière à arriver à 2 pas en arrière du guide de gauche. Chaque file vient converser à la même place que la 1re. La droite étant arrivée à hauteur du guide de gauche, le chef de peloton commande. .	. . . .	1. *Peloton.* 2. HALTE. 3. FRONT.
Il se porte à deux pas en dehors du guide, commande. .	. . . .	4. *A droite* =ALIGNEMENT.
Encadre le 1er rang entre les 2 guides et ajoute. . . .	. . . .	5. FIXE.

Les 2 guides changent de place, passant devant le front, et le chef de peloton se porte devant le centre.

Dans une colonne par section, la contre-marche s'exécute par les mêmes principes. Le guide de chaque section fait demi-tour à droite, et le chef de la section se place à côté de la file de droite pour la conduire.

Dans une colonne la gauche en tête, la contre-marche s'exécute par les commandemens et les moyens inverses.

EXPLICATIONS.	COMMANDEMENTS. instructeur.	chefs de pelot. et de section.
Art. 5.—Étant en colonne par section, se former sur la droite ou sur la gauche en bataille (343).		
Pl. 6, *fig.* 2.—La colonne étant en marche par section, la droite en tête, l'instructeur commande	1. *Sur la droite, en bataille.* 2. *Guide à droite.*	
Le guide de chaque section se porte au flanc droit de la section. L'instructeur se porte ensuite, à 10 pas au moins sur la droite des guides, au point où il veut appuyer la droite du peloton, et fait face au point de direction de gauche.		
La 1re section étant près d'arriver à hauteur de l'instructeur, son chef commande	. . . .	1. *Tournez à droite.* 2. MARCHE.
La 1re sect. tourne à droite, le guide se dirige de manière à faire arriver l'homme de droite du Ier rang contre l'instructeur.		
Lorsque le guide est à 3 pas de la ligne de bataille, le chef de peloton commande. . . .	. . . .	3. *Section.* 4. HALTE.

EXPLICATIONS.	COMMANDEMENTS. instructeur.	COMMANDEMENTS. chefs de pelot. et de section.
Le guide se place vis à-vis la gauche de sa section, et face à l'instructeur qui l'assure sur la ligne de bataille.		
Le chef de peloton se porte au point où doit appuyer la droite du pelot. et commande	. . . .	5. *A droite* = ALIGNEMENT.
La 2e section continue à marcher droit devant elle, jusqu'à ce que le guide arrive à hauteur de la file de gauche de la 1re. Puis elle se porte sur la ligne de bataille comme la 1re, le guide se dirigeant sur cette file de gauche.		
Au commandement de *Halte*, le guide se porte à hauteur de la gauche de la section face à l'instructeur qui l'assure sur la ligne. Le chef de la 2e section commande alors . . . . et se retire en serre-file en passant par la gauche. Le chef de peloton, voyant cette section établie sur l'alignement de la 1re, commande.	. . . .	*A droite*= ALIGNEMENT.
	. . . .	6. FIXE.
Le mouvement terminé, l'instructeur commande . . .	*Guides*= A VOS PLACES.	

EXPLICATIONS.	COMMANDEMENTS. instructeur.	chefs de pelot et de section.

Le remplacement se porte derrière le chef de peloton et le guide de la 2e section en serre-file.

Une colonne par section, la gauche en tête, se forme sur la gauche en bataille d'après les mêmes principes et par les commandements inverses. La 2e section est alignée à gauche par son chef; le chef de peloton, après avoir arrêté sa section, se porte à la gauche du peloton, à la place du chef de la 2e section qui va se placer en serre-file et commande : *A gauche*=ALIGNEMENT pour sa section.

Au commandement de *Guides*=A VOS PLACES, le chef de pelot. se porte à la droite, le remplacement derrière lui au 2e rang et le guide de la 2e section en serre file.

Formation d'un peloton sur 1 rang, sur 2 rangs, sur 4 rangs et réciproquement.

1o FORMATION D'UN PELOTON DE 2 RANGS SUR 1 RANG ET RÉCIPROQUEMENT (371).

Le peloton étant supposé faire partie d'une colonne, la droite ou la gauche en tête, l'instructeur commande . . . . 1. *Sur un rang, formez le peloton.*

Le guide de droite fait à-droite 2. MARCHE.

Le guide et la 1re file se mettent en marche ; l'homme du 1er rang tourne à droite dès le 1er pas et l'homme du 2e rang vient tourner à la même place que lui. La 2e file et successivement toutes les autres se mettent en

EXPLICATIONS.	COMMANDEMENTS DE L'INSTRUCTEUR.
marche comme la 1re, de manière à ne laisser aucun intervalle entre elles. Lorsque le dernier homme se met en marche, le chef de peloton, qui a vu filer son peloton, l'arrête et lui fait faire front.	
Le peloton étant sur 1 rang, lorsque l'instructeur veut le former sur 2, il commande. . .	1. *Sur deux rangs, formez le peloton.* 2. *Pelot. par le flanc droit* 3. A DROITE.
Le guide et l'homme de droite restent face en tête.	4. MARCHE.

Les hommes qui ont fait à-droite se mettent en marche ; le 2e homme du rang se place derrière le 1er pour former la 1re file ; le 3e se place à côté du 1er, au premier rang; le 4e derrière le 3e. Tous les autres viennent se placer de la même manière et forment ainsi des files de 2 hommes à la gauche de celles déjà établies.

Lorsque l'instructeur veut faire exécuter ces formations par la gauche, il fait faire demi-tour au peloton et porter les guides au 2e rang. La formation achevée, l'instructeur remet le peloton face en tête.

Un bataillon en bataille exécute ces formations en rompant par peloton en arrière à droite ou à gauche. Le chef de bataillon fait les commandements prescrits pour l'instructeur et chaque peloton exécute son mouvement comme s'il était isolé.

EXPLICATIONS.	COMMANDEMENTS DE L'INSTRUCTEUR.

2° Formation d'un peloton de 2 rangs sur 4 et réciproquement.

a. De pied ferme (383).

Le peloton étant supposé faire partie d'une colonne, la droite en tête, l'instructeur commande . . . . 1. *Sur quatre rangs formez le peloton.*

2. *Peloton par le flanc gauche.*

3. A gauche.

Le guide de gauche reste face en tête. . . . . 4. Marche.

La 1re file de gauche de 4 hommes se replace face en tête, sans dédoubler. Toutes les autres files de 4 se mettent en marche, serrent successivement à environ 11 centim. sur la file qui les précède, s'arrêtent et reviennent face en tête, en restant doublées. Le chef de peloton surveille la formation.

Le peloton étant sur 4 rangs, pour le reformer sur 2 rangs, l'instruct. commande . . 1. *Sur deux rangs, formez le peloton.*

2. *Pel. par le flanc droit.*

3. A droite.

Le guide de gauche ne bouge pas . . . . 4. Marche.

Le guide de droite se dirige sur le prolongement du 1er

EXPLICATIONS.	COMMANDEMENTS DE L'INSTRUCTEUR.
rang. La 1re file de 4 se met en marche ; la 2e la suit lorsqu'il y a, entre elle et la 1re file, l'espace nécessaire pour dédoubler. Les files suivantes font successivement ce qui vient d'être dit pour la 2e. Dès que la dernière file du peloton a sa distance, l'instructeur commande.	5. *Peloton.* 6. **Halte.** 7. **Front.**
Le peloton se remet face en tête, les files se dédoublent.	

b. Mêmes formations en marche (392).

Pour former le peloton sur 4 rangs, l'instruct.r commande	1. *Sur quatre rangs, formez le peloton.* 2. *A gauche doublez les files.* 3. **Marche.**

Le guide et la file de gauche continuent à marcher droit devant eux ; le peloton fait un demi-à-gauche ; les nos impairs se portent derrière les nos pairs ; à cet effet, dans le 2e rang, ces derniers raccourcissent un peu les premiers pas. Les files, ainsi formées par quatre, marchent obliquement, en allongeant le pas, serrent sur la file qui est à leur gauche, se replacent face en tête par un demi-à-droite et prennent le tact des coudes à gauche.

EXPLICATIONS.	COMMANDEMENTS DE L'INSTRUCTEUR.
Le peloton étant en marche sur 4 rangs, pour le reformer sur 2, l'instructeur commande.	1. *Sur deux rangs, formez le peloton.* 2. *A droite dédoublez les files.* 3. MARCHE.

Le guide et la file de gauche continuent à marcher droit devant eux ; le peloton fait un demi-à-droite et marche obliquement, en se maintenant à hauteur du guide. L'avant-dernière file, dès qu'elle a gagné à droite l'espace nécessaire à la dernière pour se reformer sur 2 rangs, revient face en tête, par un demi-à-gauche et marche devant elle ; la dernière file se dédouble aussitôt et prend le tact des coudes à gauche. Chaque file exécute successivement ce qui vient d'être prescrit pour l'avant-dernière et se forme sur 2 rangs comme la file de gauche.

Si le peloton fait partie d'une colonne, la gauche en tête, ces différents mouvements s'exécutent d'après les mêmes principes et par les moyens inverses.

Les 4 derniers mouvements se font aussi au pas gymnastique.

FIN.

www.ingramcontent.com/pod-product-compliance
Ingram Content Group UK Ltd.
Pitfield, Milton Keynes, MK11 3LW, UK
UKHW021144230726
13926UKWH00002B/910